Anton und Zora

Leseheft 1 2 3

1. und 2. Schuljahr

Wörter

Übungen zum sinnentnehmenden Lesen von Wörtern

SCHUBI

Bernd Jockweg
Illustrationen: Anne Wöstheinrich

 Kreuze an. 

 Verbinde. 

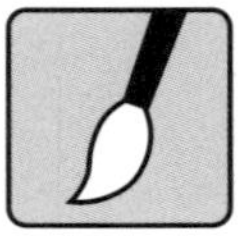 Male. 

 Streiche durch. 

 Schreibe. 

Verbinde.

WAL

FOTO

HOSE

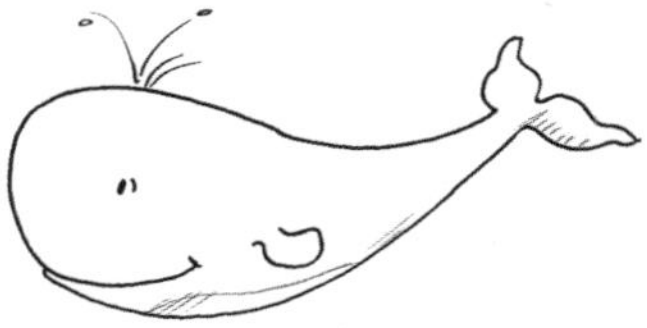

HUT

IGEL

NASE

OMA

ESEL

Male.

BUS

ROSE

LUPE

OPA

SOFA

BESEN

HUPE

Wolf

WOLF

Salat

SALAT

Gift

GIFT

Hupe

ENTE

Nest

NEST

Ente

Male den Reim an.

Hase

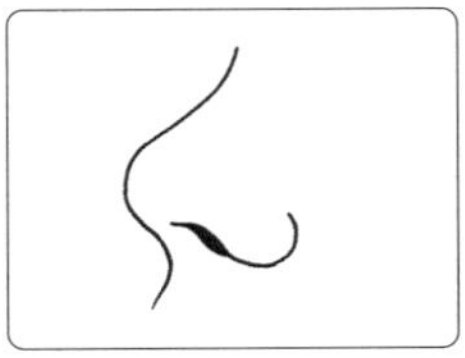

Dose

Tisch

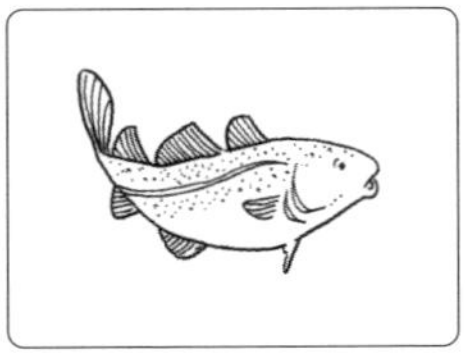

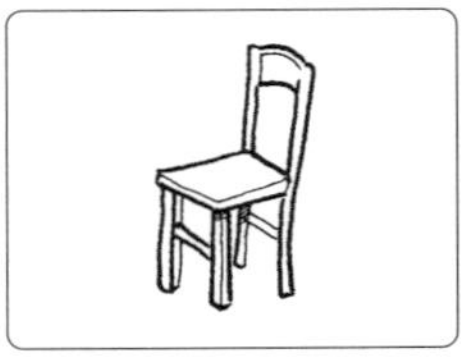

Schal

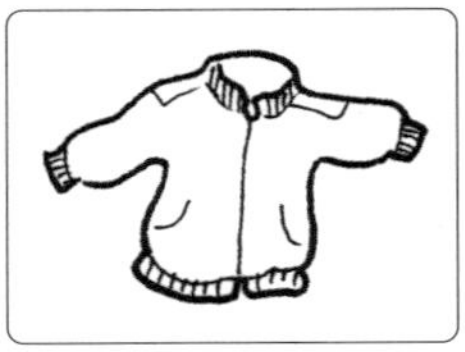

Maus

Kopf

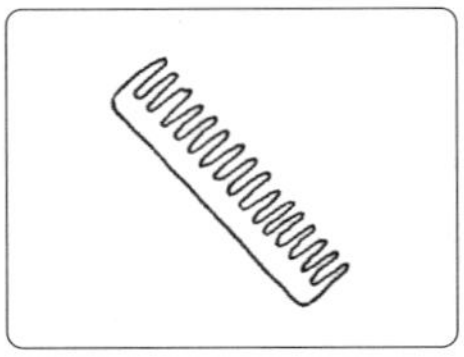

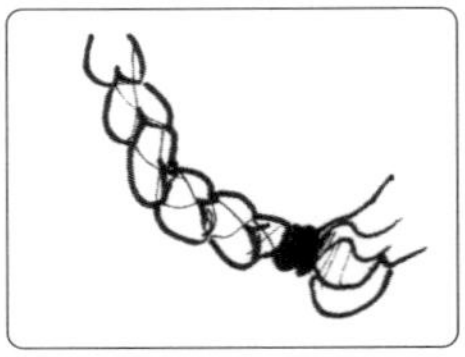

Mund

Möwe

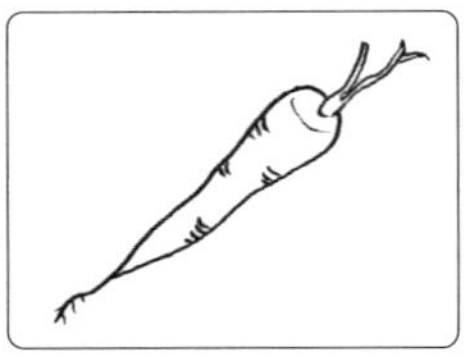

Verbinde.

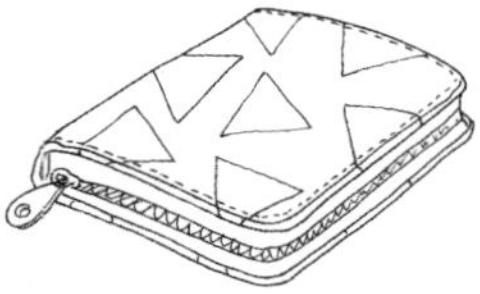

Melone

Etui

Dame

Baum

Tube

Blume

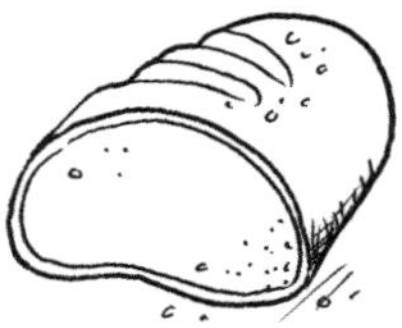

Wolke

Ananas

Brot

Salz

Male.

Tomate

Regal

Fisch

Kamel

Rakete

Kiste

Kreuze an.

☒ Geld
○ Gold

○ Duft
○ Dose

○ Obst
○ Ofen

○ Auto
○ Auge

○ Ei
○ Eis

○ Kegel
○ Kugel

Male die Dinge im Bild an.
Streiche durch, was es im Bild nicht gibt.

Banane – Kind – Elefant – ~~Rabe~~ – Musik

Buch – Glas – Krug – Kaktus – Boot

Kuchen – Bild – Tasse – Gabel – Band

Verbinde.

Hals

Hase

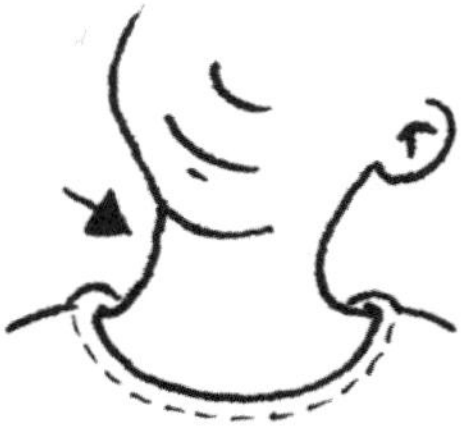

Haus

Heft

Herz

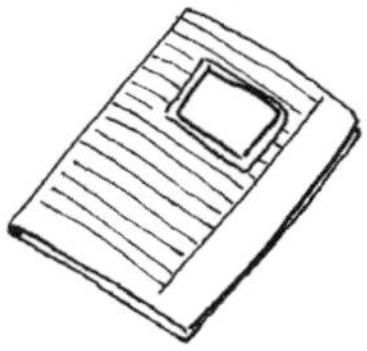

Hose

Hut

Hand

Hahn

Hupe

Schreibe die Zahlen in die Kreise.

(1) Iglu
(2) Käse
(3) Kran
(4) Pirat
(5) Zaun
(6) Schaf

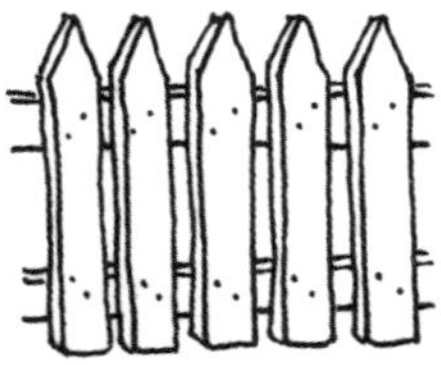

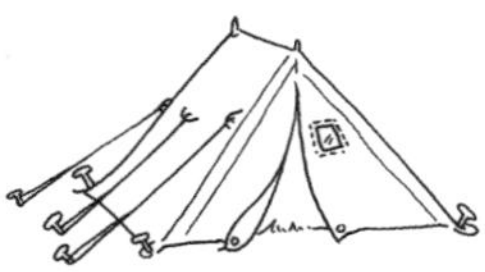

Kann man das essen?

Ananas	☒ ja	○ nein
Dame	○ ja	○ nein
Brezel	○ ja	○ nein
Nuss	○ ja	○ nein
Eimer	○ ja	○ nein
Gurke	○ ja	○ nein
Foto	○ ja	○ nein
Melone	○ ja	○ nein
Pilz	○ ja	○ nein
Lupe	○ ja	○ nein
Sofa	○ ja	○ nein
Nase	○ ja	○ nein

Male die Dinge im Bild an.
Streiche durch, was es im Bild nicht gibt.

Nest – Küken – Baum – Bus – Ast
Wurm – Kuh – Apfel – Auto – Pinguin
Kirche – Wolke – Sonne – Hund

Verbinde.

Regen

Bart

Dorf

Garten

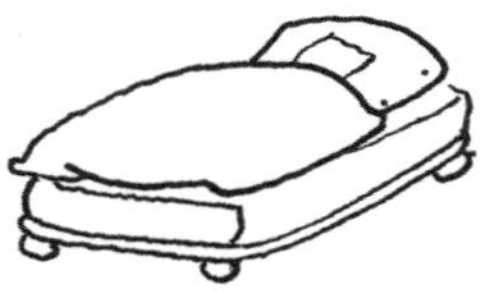

Mantel

Frau

Taube

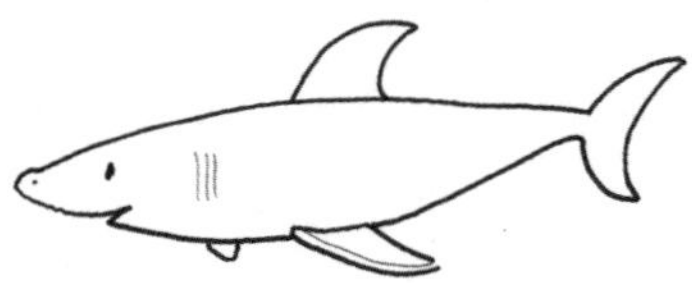

Affe

Bett

Hai

Kreuze an.

○ Ente
○ Ende

○ Gast
○ Gans

○ Teufel
○ Tafel

○ Feuer
○ Feder

○ Mund
○ Mond

○ Tuch
○ Turm

Verbinde.

Krone

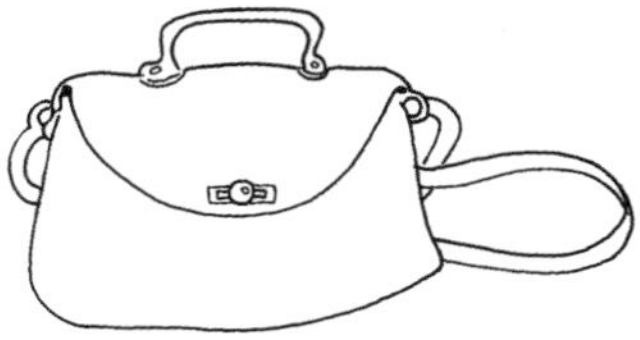

Tasche

Telefon

Besen

Elefant

Frosch

Kaktus

Panda

Zebra

Löwe

Kreuze an.

Kann man das sehen?

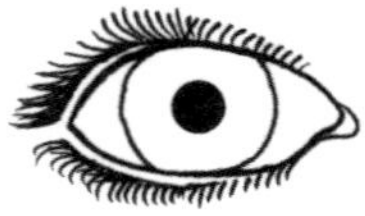

Nagel	○ ja	○ nein
Mut	○ ja	○ nein
Haut	○ ja	○ nein
Salz	○ ja	○ nein
Not	○ ja	○ nein
Kamm	○ ja	○ nein
Glas	○ ja	○ nein
Luft	○ ja	○ nein
Wut	○ ja	○ nein
Rad	○ ja	○ nein
Zeit	○ ja	○ nein
Seil	○ ja	○ nein

Schreibe die Zahlen in die Kreise.

① Karte ③ Flasche ⑤ Vase

② Angel ④ Finger ⑥ Rauch

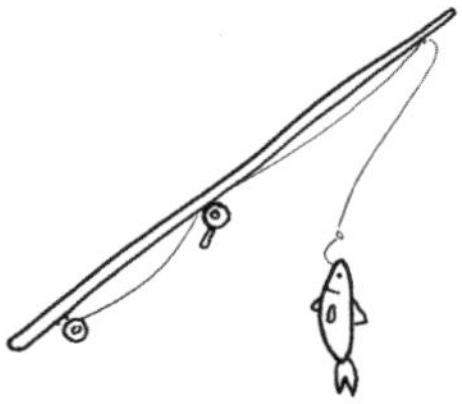

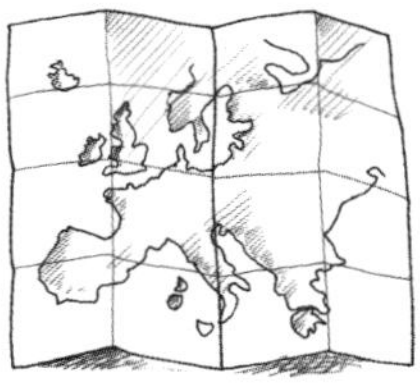

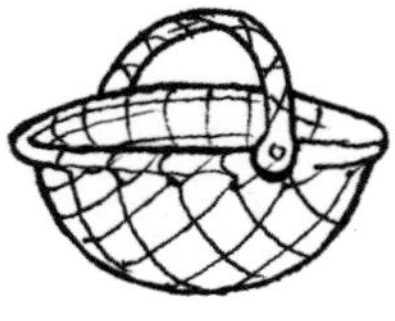

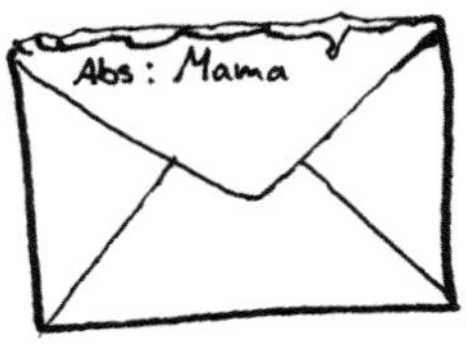

ein oder eine? Kreuze an.

○ ein / ⊗ eine Tulpe

○ ein / ○ eine Tomate

○ ein / ○ eine Monat

○ ein / ○ eine Baum

○ ein / ○ eine Auge

○ ein / ○ eine Schraube

○ ein / ○ eine Krokodil

○ ein / ○ eine Banane

○ ein / ○ eine Delfin

○ ein / ○ eine Faust

○ ein / ○ eine Dusche

○ ein / ○ eine Kopf

○ ein / ○ eine Papagei

○ ein / ○ eine Schaukel

○ ein / ○ eine Zitrone

○ ein / ○ eine Kranz

Verbinde die Silben. Suche die Bilder.

1	Sa	gal
2	Pi	lat
3	Re	mel
4	Lö	rat
5	Ka	we
6	Fo	se
7	Bir	to
8	Kä	bus
9	Kut	ne
10	Glo	sche

1

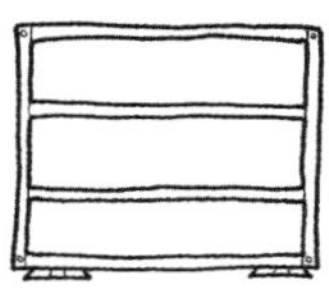

Male den Reim an.

Plan

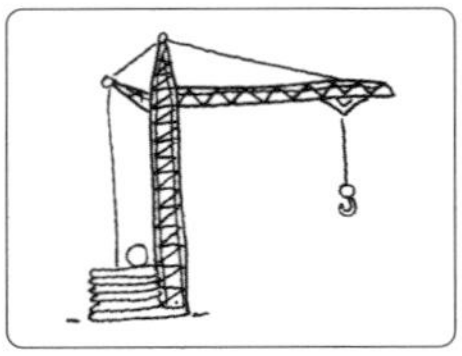

alt

hart

Rest

Welt

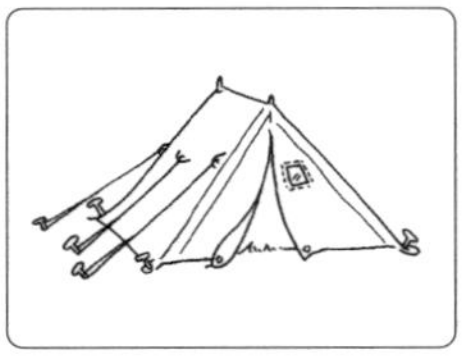
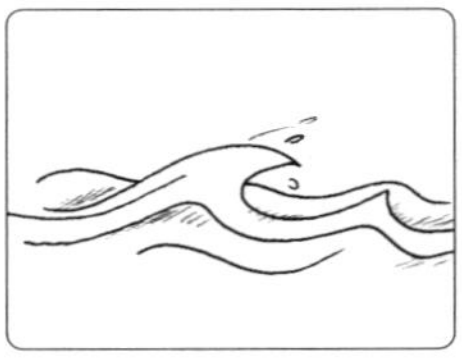

frisch

Bach

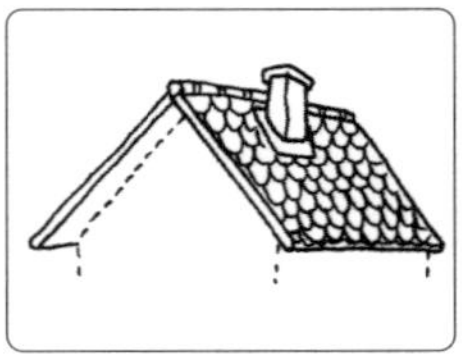

krank

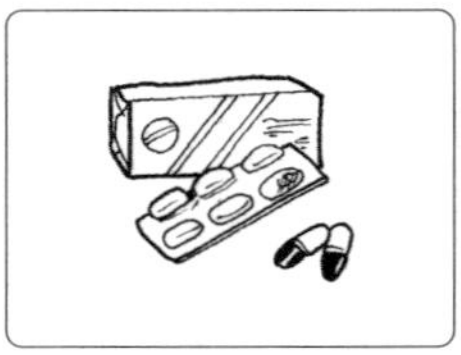

der, die oder das? Kreuze an.

○ der
○ die Jäger
○ das

○ der
○ die Blut
○ das

○ der
○ die Faden
○ das

○ der
○ die Kind
○ das

○ der
○ die Wolke
○ das

○ der
○ die Boot
○ das

○ der
○ die Daumen
○ das

○ der
○ die Ampel
○ das

○ der
○ die Ameise
○ das

○ der
○ die Dach
○ das

○ der
○ die Kiste
○ das

○ der
○ die Melone
○ das

Kreuze an.

Kann das fliegen?

Esel	○ ja	○ nein
Vogel	○ ja	○ nein
Fisch	○ ja	○ nein
Hexe	○ ja	○ nein
Möwe	○ ja	○ nein
Wolle	○ ja	○ nein
Meise	○ ja	○ nein
Tiger	○ ja	○ nein
Rakete	○ ja	○ nein
Lampe	○ ja	○ nein
Hase	○ ja	○ nein
Amsel	○ ja	○ nein

Schreibe die Zahlen.

zwölf 12

elf

zwei

eins

fünf

neun

acht

sieben

drei

vier

zehn

Verbinde.

ein Kreis

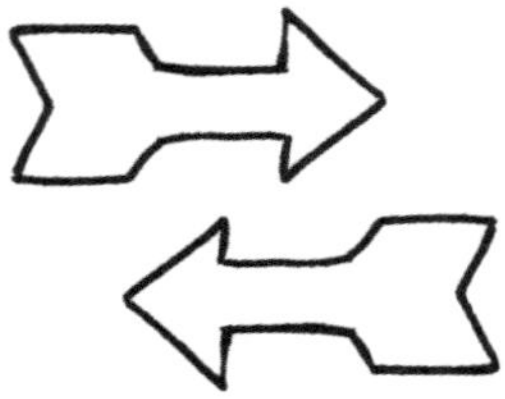

drei Sterne

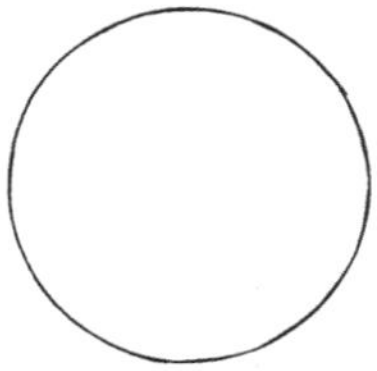

zwei Pfeile

vier Bälle

fünf Schuhe

acht Blumen

sieben Zwerge

neun Löffel

Verbinde die Gegensätze.

warm	dünn
dick	kalt
hoch	schlecht
schwer	schwach
stark	tief
alt	leicht
arm	reich
gut	jung
klug	schnell
langsam	dumm

ein oder eine? Kreuze an.

○ ein ○ eine	Beruf		○ ein ○ eine	Schule
○ ein ○ eine	Name		○ ein ○ eine	Gesicht
○ ein ○ eine	Tante		○ ein ○ eine	Küche
○ ein ○ eine	Film		○ ein ○ eine	Licht
○ ein ○ eine	Pause		○ ein ○ eine	Loch
○ ein ○ eine	Leiter		○ ein ○ eine	Onkel
○ ein ○ eine	Mensch		○ ein ○ eine	Sache
○ ein ○ eine	Schnur		○ ein ○ eine	Schrank

Verbinde die Silben. Suche die Bilder.

1	Mau	be
2	Ta	mel
3	Trom	le
4	Mes	er
5	Ra	del
6	Per	xi
7	Na	fa
8	Teu	ser
9	So	pel
10	Am	fel

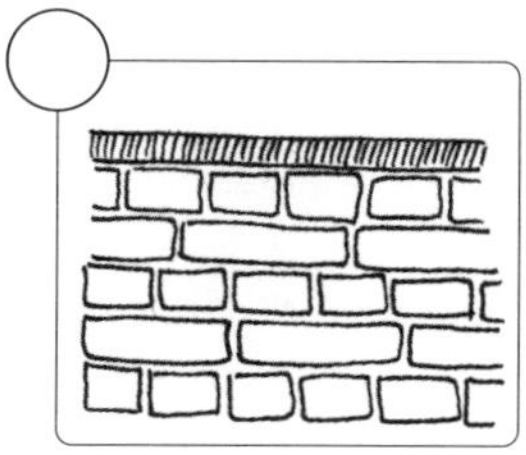

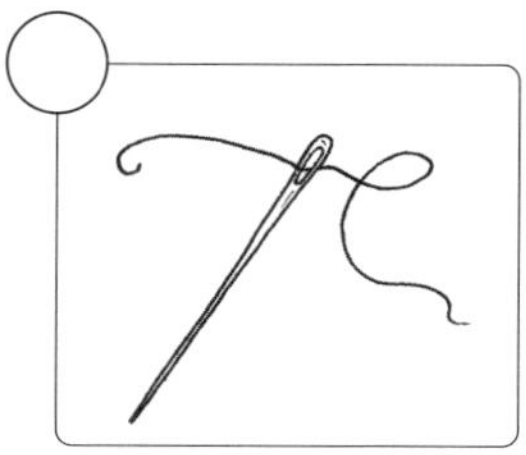

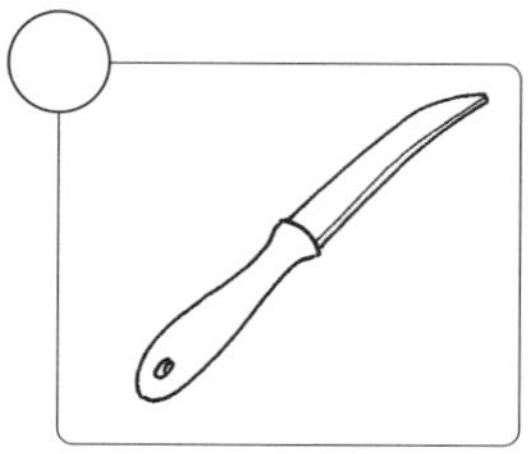

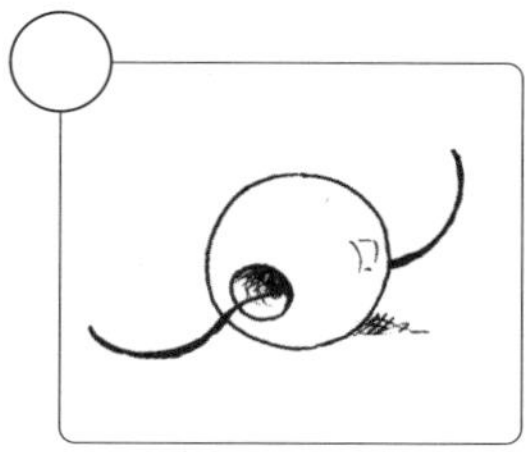

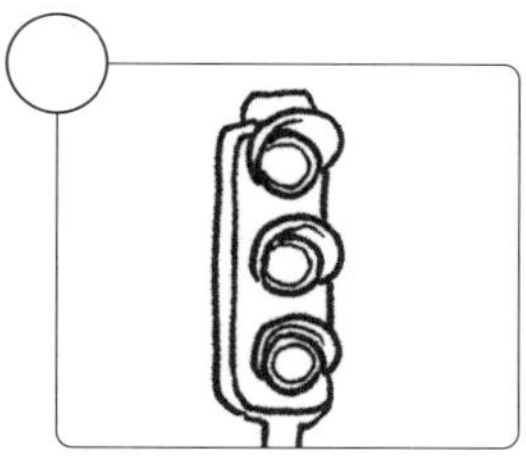

Male die Dinge im Bild an.
Streiche durch, was es im Bild nicht gibt.

Hut – Vater – Seehund – Ente – Wasser

Ritter – Giraffe – Junge – Bär – Fahne

Turm – Fisch – Teller – Pinguin – Maus

Male.

acht Zahlen

zwei Katzen

elf Punkte

drei Ringe

zehn Augen

eine Hand

der, die oder das? Kreuze an.

○ der
○ die Boden
○ das

○ der
○ die Form
○ das

○ der
○ die Lust
○ das

○ der
○ die Person
○ das

○ der
○ die Wort
○ das

○ der
○ die Raum
○ das

○ der
○ die Traum
○ das

○ der
○ die Fleisch
○ das

○ der
○ die Schaum
○ das

○ der
○ die Schrift
○ das

○ der
○ die Milch
○ das

○ der
○ die Schere
○ das

Male die Dinge im Bild an.
Streiche durch, was es im Bild nicht gibt.

Sand – Schwamm – Burg – Ball – Pirat
Schaufel – Eimer – Wurm – Welle – Sonne
Schiff – Stern – Hund – Brille – Möwe

Male.

ein grüner Frosch

eine rote Rose

ein blaues Kleid

ein braunes Auto

ein grauer Knopf

ein gelber Ballon

○ der
○ die Drachen
○ das

○ der
○ die Apfel
○ das

○ der
○ die Zunge
○ das

○ der
○ die Bett
○ das

○ der
○ die Heizung
○ das

○ der
○ die Finger
○ das

○ der
○ die Seife
○ das

○ der
○ die Gurke
○ das

○ der
○ die Fluss
○ das

○ der
○ die Holz
○ das

○ der
○ die Meer
○ das

○ der
○ die Iglu
○ das

Verbinde.

ein schnelles Boot

ein schmales Haus

ein winziger Zwerg

ein kleines Boot

ein altes Haus

ein dicker Zwerg

ein kleines Haus

ein altes Boot

Verbinde die Gegensätze.

nah	lang
kurz	richtig
laut	hinten
falsch	weit
froh	leise
vorne	weich
rein	früh
hart	dunkel
spät	raus
hell	traurig

Ein Wort passt nicht. Streiche es durch.

Kirsche Banane ~~Brot~~ Birne	Mutter Fenster Vater Kind
Montag März Mittwoch Donnerstag	Bein Jacke Hose Stiefel
Pferd Hund Kuh Lasso	blau klein grün lila
Buch Heft Zeitung Obst	gleich morgen gestern heute

Male die Dinge im Bild an.
Streiche durch, was es im Bild nicht gibt.

Indianer – Puppe – Flasche – Kissen – Feuer

Dreirad – Vase – Mond – Hase – Stuhl

Milch – Teddybär – Tasche – Vorhang – Lampe

Verbinde die Silben.

eis	neu
blitz	kalt
nagel	grün
gras	sauber
blut	klar
glas	rot
hauch	dünn
pech	hart
stein	stark
bären	schwarz

Male fertig.

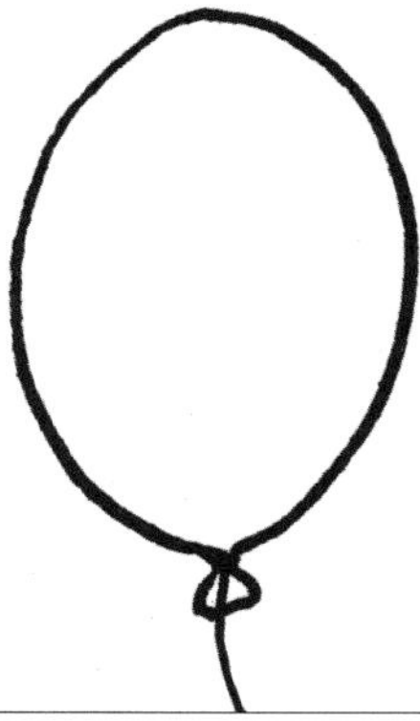

Ballon mit blauen Streifen

Pilz mit gelben Punkten

Polizei mit Blaulicht

Rose mit Dornen

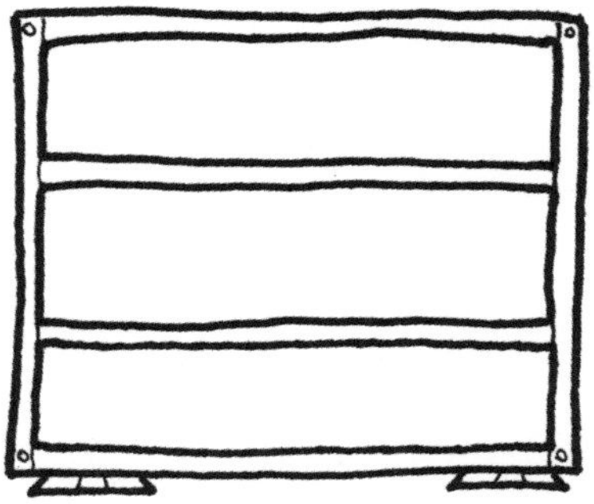

Regal mit Spielen

Kamin mit Rauch

Verbinde die Gegensätze.

nass	schwierig
teuer	gerade
einfach	hungrig
krumm	trocken
breit	billig
satt	feige
wenig	eckig
mutig	krank
gesund	viel
rund	schmal

Verbinde die Wörter. Suche die Bilder.

1	Hand	kette
2	Suppen	schuh
3	Hals	decke
4	Tisch	teller
5	Bilder	bürste
6	Zahn	ufer
7	Tafel	rahmen
8	Fluss	stift
9	Blei	bank
10	Park	schwamm

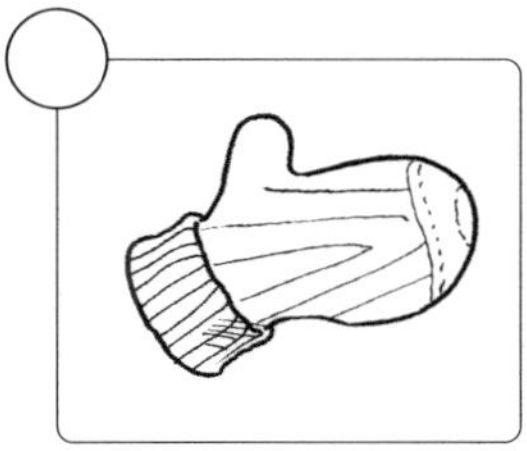
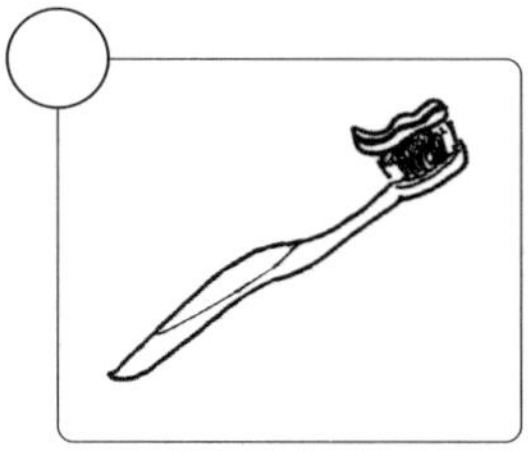
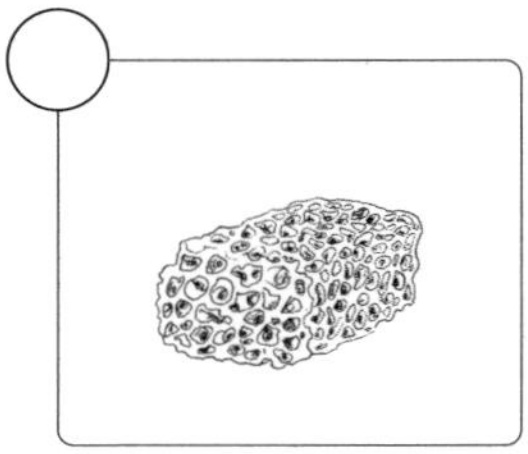
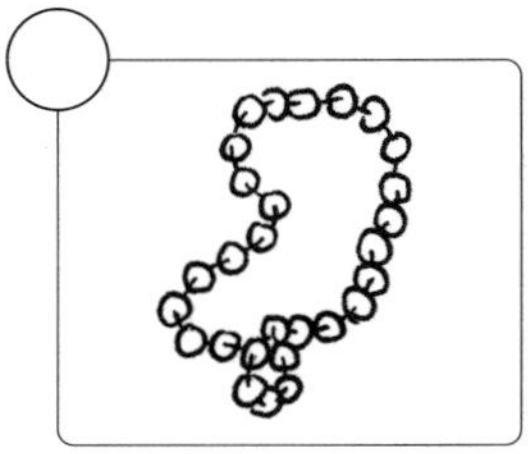

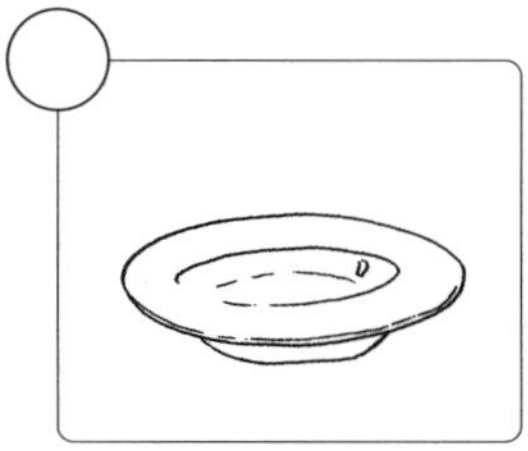

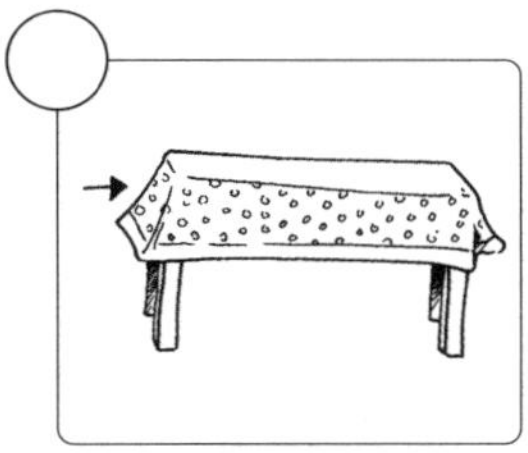

Male.

eine graue Tür

zwei Gespenster

fünf kleine Steine

ein buntes Blatt

ein langes Brett

ein schönes Schloss

Verbinde die Silben.

haus	fest
felsen	schnell
samt	hoch
feder	glatt
hunde	weich
blitz	leicht
messer	müde
haut	voll
spiegel	eng
rand	scharf

Welches Wort gibt es? Kreuze an.

- ○ Himmel
- ○ Himmer

- ○ Sanntag
- ○ Sonntag

- ○ Seck
- ○ Sack

- ○ Drack
- ○ Dreck

- ○ Grück
- ○ Glück

- ○ Quette
- ○ Quelle

- ○ Hemd
- ○ Femd

- ○ Golb
- ○ Gold

- ○ Strafe
- ○ Strife

- ○ Durts
- ○ Durst

Verbinde die Wörter. Suche die Bilder.

① Bade	buch
② Klebe	zahl
③ Lese	flasche
④ Sand	hose
⑤ Seiten	brot
⑥ Trink	stift
⑦ Butter	stamm
⑧ Pferde	uhr
⑨ Baum	marke
⑩ Brief	stall

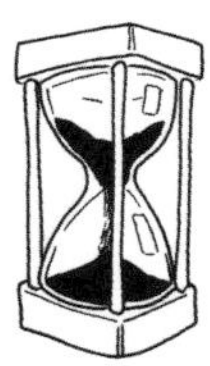

K

Ein Wort passt nicht. Streiche es durch.

Roboter
Biber
Tiger
Elefant

Riese
Zwerg
Hexe
Postbote

Rose
Auge
Nelke
Tulpe

rennen
laufen
schlafen
springen

Schuh
Arm
Bein
Bauch

ich
du
das
wir

Bratwurst
Spinat
Gurke
Bohne

Hans
Markus
Julia
Tom

Male.

rote Marmelade

ein grüner Papagei

ein Gesicht mit Brille

ein Ei in der Pfanne

ein Pony mit Reiter

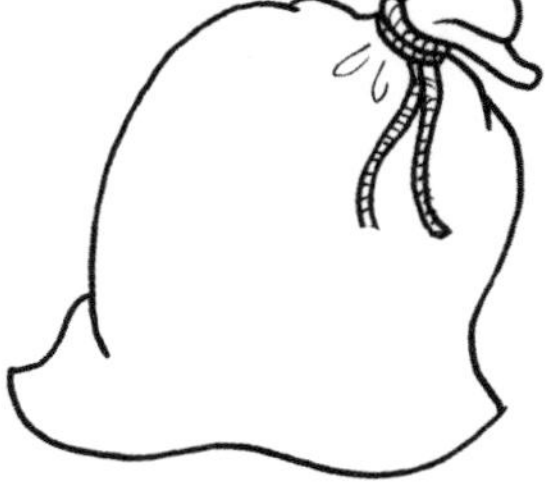

ein Beutel mit Loch

Was gibt es? Kreuze an.

○ der Abend
○ der Apend

○ das Höhle
○ die Höhle

○ der Dieb
○ der Died

○ die Nachf
○ die Nacht

○ das Tier
○ der Tier

○ die Ecke
○ die Eche

○ der Freind
○ der Freund

○ der Muxer
○ der Mixer

○ der Wald
○ der Walb

○ die Fanbe
○ die Farbe

Male.

sechs blaue Perlen

zwei schwarze Raben

neun kleine Pilze

vier hohe Tannen

eine rosa Kerze

fünf gelbe Kreise

Was gehört zusammen? Verbinde.

Hänsel	Mond
Mutter	Vater
Bruder	Moritz
Sonne	Gretel
Max	Huhn
links	unten
Hahn	Schwester
Rotkäppchen	rechts
oben	Wolf
Licht	Schatten

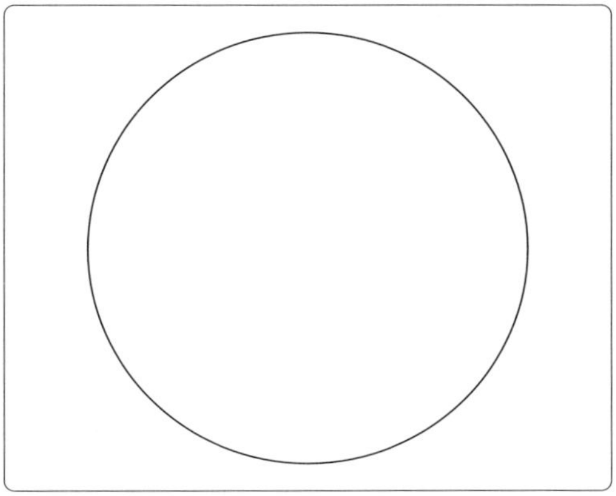

der blaue Planet

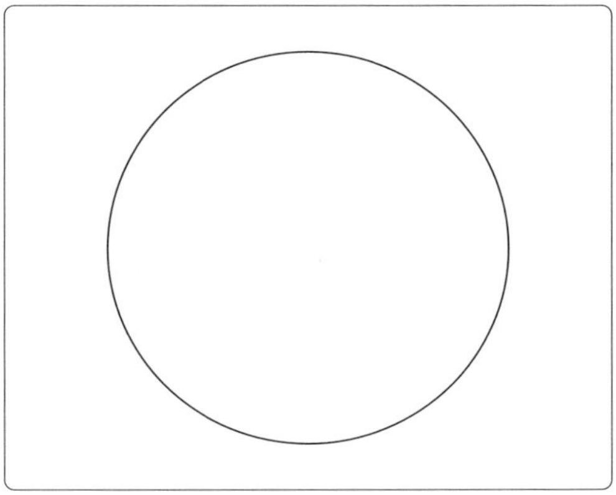

Pizza mit Salami

Würfel mit sechs Punkten

ein grünes Geschenk

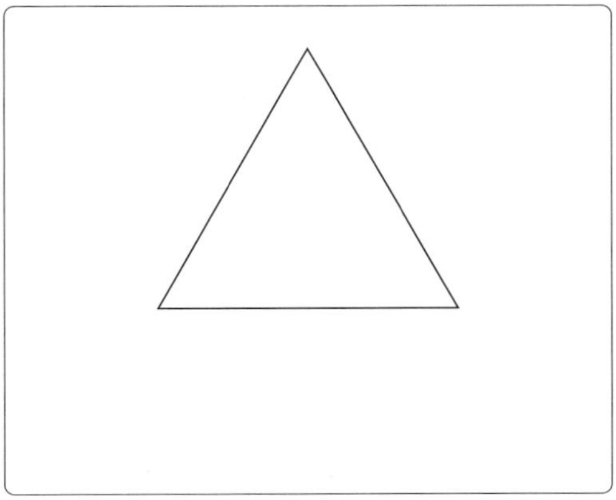

ein Verkehrsschild

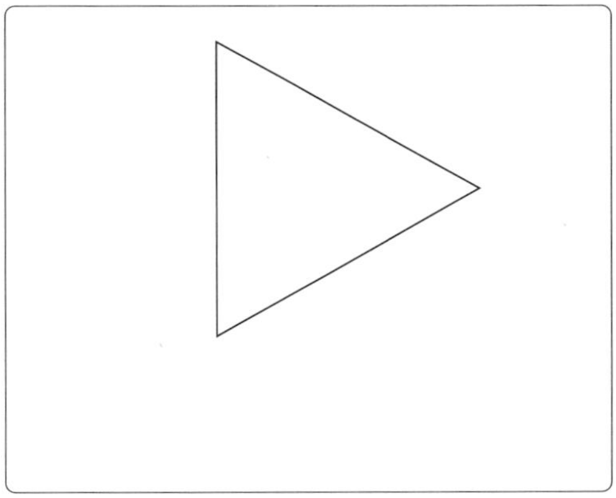

ein Wimpel am Mast

Ein Wort passt nicht. Streiche es durch.

Sommer
Woche
Winter
Herbst

Wind
Hunger
Sturm
Orkan

fragen
reden
treten
rufen

Berg
Arzt
Koch
Lehrer

Osten
Kasten
Norden
Westen

rechnen
lesen
schreiben
spucken

Knochen
Wasser
Tee
Saft

Ärger
Liebe
Fleck
Angst

Peter	Pan
Räuber	Maja
Harry	Holle
Biene	Hotzenplotz
Frau	Holgersson
Jim	Potter
Ronja	Blümchen
Nils	Knopf
Pippi	Langstrumpf
Benjamin	Räubertochter

Male die Dinge im Bild an.
Streiche durch, was es im Bild nicht gibt.

Fahrradhelm – Vorderrad – Schraubenzieher

Gepäckträger – Rücklicht – Hubschrauber

Laterne – Scheinwerfer – Schutzblech

Wolkenkratzer – Verkehrsschild – Kinderwagen

Gartenzaun – Gartenzwerg – Gartenglas

Freitier – Freibad – Freiheit

Donnerstag – Freitag – Knopftag

Fernradio – Fernseher – Fernglas

Kopfhörer – Kopfball – Kopfseher

Staubsauger – Staubschere – Staubtuch

Wildnis – Wildschwein – Wildruder

Male.

eine Maus auf der Mauer

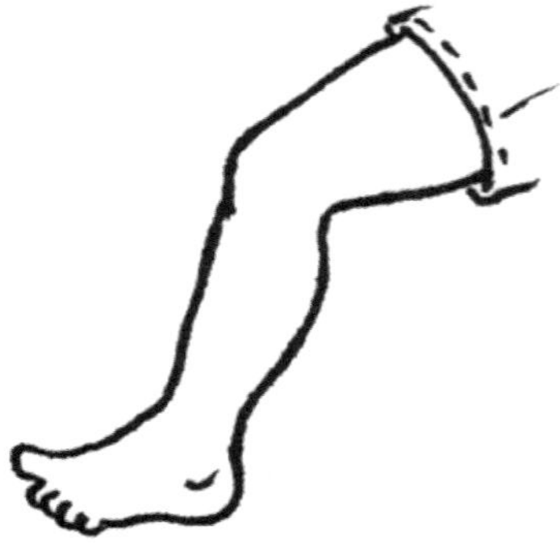

ein Pflaster am Knie

sieben braune Bohnen

ein Küken im Ei

eine Blume in der Hand

ein Fisch mit zwanzig Blasen

Ein Wort gibt es nicht. Streiche es durch.

Eckzahn – Eckschrank – Eckbuch

Farbglatze – Farbeimer – Farbkasten

Fensterplatz – Fensterbach – Fensterscheibe

Fotomann – Fotoalbum – Fotokopie

Handstand – Handfinger – Handball

Mausefalle – Mauseloch – Mausekäse

Milchzahn – Milchbaum – Milchreis

Obstmantel – Obstsalat – Obstgarten

Male die Dinge im Bild an.
Streiche durch, was es im Bild nicht gibt.

Kaufladen – Rennauto – Kuscheltier

Puppenwagen – Buntstifte – Bauklötze

Bilderbuch – Basketball – Bücherregal

Kinderbett – Tennisball – Arztkoffer

Haustier – Haustür – Hausgurke

Baumkrone – Baumhaus – Baumauto

Autofahrer – Autoblume – Autobahn

Landbauch – Landkarte – Landschaft

Schulklasse – Schulwolke – Schulhof

Regenwurm – Regenschirm – Regenbrille

Schuhgabel – Schuhsohle – Schuhregal

Buchseite – Buchstabe – Buchkoch

Verbinde die Wörter. Suche die Bilder.

1	Feuer	wanne
2	Bade	klammer
3	Flug	beutel
4	Tee	zeug
5	Kirch	hafen
6	Büro	wagen
7	Hunde	mühle
8	Wind	hütte
9	Zirkus	zelt
10	Last	turm

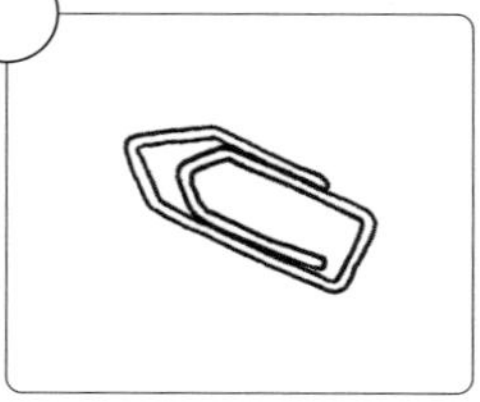

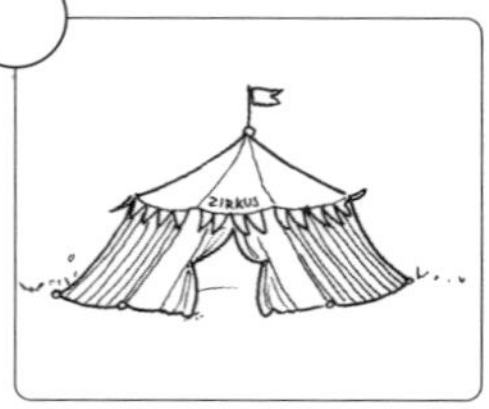

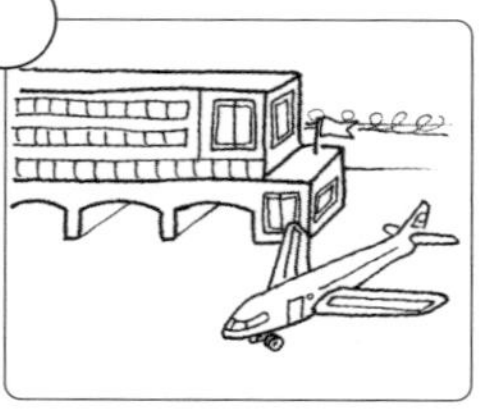

Welches Wort gibt es? Kreuze an.

○ Schnauzehund
○ Hundeschnauze

○ Knopfhemd
○ Hemdknopf

○ Dachhaus
○ Hausdach

○ Reifenauto
○ Autoreifen

○ Schultasche
○ Taschenschule

○ Brotmesser
○ Messerbrot

○ Beinstuhl
○ Stuhlbein

○ Bleistift
○ Stiftblei

○ Wandhaus
○ Hauswand

○ Sonnenschein
○ Scheinsonne

Urkunde

Herzlichen Glückwunsch!

Du hast das Leseheft
„Wörter“ geschafft.

Weiter geht es mit
dem Leseheft „Sätze“.

Viel Erfolg!